Eine Blondine, zwei Blondinen, die Blondinen
O blondă, două blonde, blondele

Două blonde, chicotind:

- Fată, hai sa ne luam o banană... Ce zici?
- Da, fată... Dar eu zic sa ne luam două...
- De ce?
- Pai, poate mancam una...

Zwei Blondinen kichernd:

„Mädel, komm daß uns wir nehmen eine
Banane. Was du sagst?"

„Ja, Mädel. Aber ich sage daß uns wir nehmen
zwei."

„Warum?"

„Nun, vielleicht wir essen eine."

Ulrich Greiner-Bechert
Blondinen und Rumänisch
Blondinen-Witze
auf Rumänisch und Deutsch

Impressum

Blondinen und Rumänisch
Blondinen-Witze auf Rumänisch und Deutsch

von Ulrich Greiner-Bechert

Bibliografische Information
der Deutschen Nationalbibliothek:
Die Deutsche Nationalbibliothek verzeichnet diese
Publikation in der Deutschen Nationalbibliografie;
detaillierte bibliografische Daten sind im Internet über
http://dnb.d-nb.de abrufbar.

Titelfoto:
© Simongu | Dreamstime.com

Autor und Buchgestaltung:
© 2018 Ulrich Greiner-Bechert, Mannheim

Herstellung und Verlag:
Books on Demand GmbH, Norderstedt

ISBN: 9783752806779

Inhalt

Mit Witzen lernen?

Man kann ganz viele Wörter lernen, indem man stur die Vokabeln büffelt. Einfacher kann man sich jedoch Vokabeln merken, wenn man die Wörter in einer Redewendung oder in einem Satz wiederfindet, den man als Ganzes versteht.

Wenn man also einen Satz liest und übersetzt, lernt man gleichzeitig Vokabeln und erkennt die grammatikalische Form der Wörter. Hoffentlich. Ein Buch zu übersetzen ist langwierig. Witze dagegen sind kurz. Und witzig.

Also habe ich mir den Spaß erlaubt, um Rumänisch zu lernen und zu üben, Witze zu übersetzen. Fast alle wortwörtlich, damit die im Rumänischen übliche Satzstellung deutlich wird.
Auch wollte ich die kleinen Wörter „de" und „sa" übersetzten, die in der freien Übersetzung oft gar nicht vorkommen, aber ständig im Rumänischen zu sehen und zu sprechen sind.
Bei einfachen Wortgruppen verzichte ich oft auf die wörtliche Übersetzung, bei schwierigen hilft jedoch gerade die wörtliche Übersetzung, zunächst zu verstehen, was gesagt wird.
Trotzdem habe ich bestimmt vieles übersehen.

Mehr über den Sinn der wortwörtlichen Übersetzung ist erläutert in meinem anderen Buch: Rumänisch lernen mit Witz.

Warum Blondinen Witze?

Darum:

| Pentru că | sunt | uşor | de înţeles... |
| Weil | sie sind leicht | zu verstehen. |

Dies ist übrigens die Antwort auf folgende Frage:

De ce sunt atât de iubite bancurile cu blonde?
Warum werden Blondinen Witze so geliebt?

Lieber mit der wörtlichen Übersetzung lernen:
Warum sind so von geliebt die Witze mit Blondinen?

Das lernen wir durch die wörtliche Übersetzung:

De ce	warum
sunt	sie sind = 3. Pers. Plural von sein
atât	so
de	von
iubite	geliebt in der Mehrzahl von iubit
bancurile	die Witze (bestimmte Witze)
cu	mit
blonde	Blondinen (generell, Mehrzahl!)

Vielleicht erinnern wir uns an diese Formen:

Bancur	Witz (genereller Witz)
Bancuri	Witze (generelle Witze)
blondă	Blondine (unbestimmte, Einzahl)
blonda	Blondine (bestimmte, Einzahl)
blondele	die Blondinen (bestimmte, Mz.)

Beispiel-Witz:
Cine sunt cei care fac bancuri despre blonde?
În general, sunt de două feluri:
Cei care nu le cunosc
şi cei care le cunosc prea bine.

Wörtlich übersetzt:

Wer sind diejenigen, welche machen Witze über
Blondinen?
Im Allgemeinen, sind von zwei Arten:
Diejenigen, welche nicht sie kennen
und diejenigen, welche sie kennen zu gut.

Bemerkungen:
Ob sich „le" (sie) auf die Witze oder die
Blondine bezieht, kann ich leider nicht
erkennen.
Von oder derer ... zwei Arten?
Nun, feluri ist irgendein Genitiv von fel.

Frei übersetzt

Was sind das für Leute, die Witze über
Blondinen machen?
Im Allgemeinen gibt es zwei Arten:
Diejenigen, die sie nicht verstehen,
und diejenigen, die sie nur zu gut verstehen.

Lernen für Deutsche und Rumänen:

Alle die dieses Büchlein lesen, können mit der wörtlichen Übersetzung Vokabeln lernen.

Rumänen können mit diesem Buch nur Worte lernen. Deutsche erkennen durch die wörtliche Übersetzung die Stellung der Worte im Satz.

Achtung:
Manche Witze sind vielleicht nicht ganz 100% richtig übersetzt.
Ich bin ja kein studierter Übersetzer.
Ich mache das nur zum Spaß.
Aber trotzdem habe ich durch das Witze-Übersetzen sehr viel gelernt.

Viele Witze, die ich im Internet gefunden habe, verwenden eine altmodische Schreibweise, z.B. rămîne statt rămâne. Ich habe einige korrigiert aber bestimmt nicht alle. Aber egal.

Ich wage mich nun, nun dieses Buch zu veröffentlichen. Dem zu erwartenden Shitstorm der Profis zum Trotz.

In diesem Sinne: Viel Vergnügen.

Blondinen-Witze

Două blonde stau de vorbă:
- Luna viitoare plec la Veneția.
- Păi, la ce mai mergi, că doar ai fost și anul trecut?
- Da, dar atunci străzile erau inundate.

Wörtlich
Zwei Blondinen sprechen:
(2 Blonde bleiben bei Gespräch)
Monat zukünftig gehe ich nach Venedig.
Oh, warum mehr gehst du, weil erst bist gewesen auch Jahr vergangen?
Ja, aber dann die Straßen waren überflutet.

Frei
Zwei Blondinen unterhalten sich.
Nächsten Monat fahre ich nach Venedig.
Oh, warum fährst du nochmal, du warst duch erst vergangenes Jahr dort?
Ja, aber da waren die Straßen überschwemmt.

Redewendung, Grammatik
A sta de vorbă = plaudern, sich unterhalten
A sta = bleiben, sitzen
Stau   sie bleiben (auch: sie blieben)
Stai!   Bleib!   Stați!   Bleibt!
Am stat   Ich bin geblieben.

Verkehr

Ce înțelege o blondă prin sex protejat?
Să închizi ușa de la mașină...

Wörtlich:
Was versteht eine Blondine von Sex geschützt?
Zu schließen Tür von am/beim Auto

Frei:
Was versteht eine Blondine unter geschütztem
Verkehr? Daß man die Autotür schließt.

Bemerkung für Rumänen:
Im Deutschen verwendet man für „Sex machen"
auch das Wort „verkehren",
also Sex = Verkehr, kurz für Geschlechtsverkehr.

Verkehr ist generell das, was auf der Straße
stattfindet, wenn viele Verkehrsteilnehmer
unterwegs sind.
Man sagt auch: Straßenverkehr.
Es gibt auch Flugverkehr, Bahnverkehr,
Zugverkehr, Schiffsverkehr und...
Achtung: Geschlechtsverkehr = Sex

Wenn viele Leute in der Disco tanzen, sagt man
aber nicht Tanzverkehr.
Warum nicht? Das weiß ich nicht. Ist halt so.

Der Gefahr bewußt

O blondă se plimba liniştită, când, deodată, vede o maşina fără şofer, care mergea. Conştientă de pericol, sare în maşină şi trage frâna de mână. Când iese, dă nas în nas cu proprietarul, un bărbat foarte atrăgător.
- Începuse să meargă singură, dar am sărit în ea şi am tras frâna de mână! spune ea, foarte mândră de isprava ei.
- Ştiu, răspunde el. Eu o împingeam!

Wörtlich übersetzt

Eine Blonde spaziert ruhig, als, plötzlich, sieht ein Auto ohne Fahrer, welches geht. (rollt). Bewusst von Gefahr, sie springt ins Auto und zieht die Bremse der Hand. Wie sie rausgeht, gibt Nase an Nase mit Eigentümer, ein Mann sehr attraktiv. „Es begann zu fahren alleine, aber ich bin reingesprungen in es und habe gezogen die Handbremse!", sagt sie, sehr stolz von Tat ihre.
- Ich weiß, antwortet er. Ich es schob.

Handlung, Tat:
faptă, act, fapt, lucru, acţiune, ispravă
Trick:
truc, şiretlic, farsă, scamatorie, tertip, ispravă

O blondă se plimba liniştită, când, deodată, vede o maşina fără şofer, care mergea.
Conştientă de pericol, sare în maşină şi trage frâna de mână. Când iese, dă nas în nas cu proprietarul, un bărbat foarte atrăgător.
- Începuse să meargă singură, dar am sărit în ea şi am tras frâna de mână! spune ea, foarte mândră de isprava ei.
- Ştiu, răspunde el. Eu o împingeam!

Frei übersetzt
Eine Blondine schlendert gemächlich (entlang der Straße), als sie plötzlich ein Autos sieht, das sich ohne Fahrer vorwärts bewegt.
Der Gefahr bewußt, springt sie ins Auto und zieht die Handbremse. Als sie aussteigt, steht sie Auge in Auge (nicht Nase!) (oder: in Augenhöhe) vor dem Eigentümer, einem sehr attraktiven Mann.
„Es begann von alleine zu rollen, aber ich bin reingesprungen und habe die Handbremse gezogen!", sagt sie, sehr stolz über ihre Handlung.
„Ich weiß," antwortet er. „Ich habe es geschoben".

Im letzten Satz würden Deutsche Perfekt statt Imperfekt verwenden, weil es ja erst eben gerade stattgefunden hat.

Weitere Blondinen-Witze

O blondă la spovedanie:
- Părinte, am preacurvit.
- De câte ori, fiica mea?
- Părinte, am venit să mă spovedesc, nu să mă laud!

Eine Blonde im Beichtstuhl:
Vater, ich habe Ehebruch begangen.
Wie oft, meine Tochter?
Vater, ich bin gekommen um zu beichten, nicht um mich zu loben (um zu prahlen.)

- **Arde, arde!** Veniți repede! strigă o blondă la telefon.
- Şi cum ajungem la locul incendiului?
- Nu mai aveți maşinile alea mari şi roşii?

„**Es brennt, es brennt!** Kommen Sie schnell!", schreit eine Blonde ins Telefon.
„Und wie kommen wir zum Ort des Brandes?"
„Haben Sie nicht mehr die Autos diese großen und roten?

Der letzte Satz in deutscher Satzstellung:
Haben Sie nicht mehr diese großen, roten Autos?

O blondă **la interviu**:
- Câţi soţi ai avut până acum?
- Doar ai mei? Sau aşa... în general?

Eine Blonde **im Interview**. „Wieviele Ehemänner haben Sie gehabt bis jetzt?" (bis jetzt gehabt)
„Nur die meinen? Oder so im Generellen?

Intră o blondă într-o farmacie şi întreabă:
- Aveţi ochelari?
- Pentru soare?
- Nu, nu, pentru mine!

Betritt eine Blonde eine Apotheke und fragt:
„Haben Sie Brillen?"
„Für die Sonne?"
„Nein, nein, für mich."

Eintreten = Betreten
Betritt eine Blonde eine Apotheke...

La semafor, 2 şmecheri într-o maşină strigă după o blondă:
- Pisi, pisi... da' ce mănânci tu de eşti aşa frumoasă?
Blonda:
- Banii fraierilor ca voi!

An der Ampel, 2 coole Typen in einem Auto rufen hinter einer Blondine:
„PISI (=Kosename), ja was ißt du weil du bist so hübsch?"
Blonde:
„Das Geld von Loosern wie ihr!"

Două blonde merg **în pădure** să-şi caute un **brad** de Crăciun. După trei ore de mers prin **zăpadă**, una dintre ele zice:
- Oare nu ar fi mai bine să căutăm unul neîmpodobit?

Zwei Blondinen gehen **im Wald** um auch zu suchen einen Weihnachts**baum**. Nach drei Stunden des Laufens durch den **Schnee** eine unter ihnen sagt: Wäre es nicht doch besser, wenn wir einen geschmückten suchen?

Wörtlich:
„Doch nicht wäre mehr gut um wir suchen einen ausgeschmückten?"

Doua blonde in parc:
– Fata, vad ca esti gravida!
– Da....
– Si **al cui e copilul?**
– Al meu...
– Nu, fata. Ma referem cu cine l-ai facut?
– Pai inca nu m-am decis...

Zwei Blondinen im Park:
- Mädel, ich sehe daß du bist schwanger!
- Ja.
- Und **von wem ist das Kind**?
- Von mir.
- Nein, Mädel, Ich beziehe mich mit wem es hast gemacht?
- Nun, noch nicht mich habe entschieden.

Intr-un Bar

Un tip îşi **savurează** berea într-un bar.
Din dorinţa de a conversa, se apleacă spre
femeia solidă de lângă el şi îi spune:

- Vrei să auzi un banc trăznet cu blonde?

Cu o voce răguşită, ea îi răspunde:

- Până să te apuci să spui bancul, cred că ar fi
bine să clarific câteva detalii:
Sunt blondă, am 1,80 m, 88 kg şi sunt
campioană balcanică la judo.
Blonda de lângă mine are tot 1,80 m, 78 kg şi
este ofiţer de aviaţie. Cea care stă lângă ea are
1,85 m, 85 kg, este halterofilă
şi, ai ghicit deja, este tot blondă.
Ei bine, acum mai vrei să ne spui bancul acela cu
blonde?

Omul stă ceva timp şi se gândeşte.

- Nu prea, spune el.
N-am chef să explic poanta de trei ori!

In einer Kneipe

Ein Kerl **genießt** sein Bier in einer Kneipe.
Aus Wunsch nach Unterhaltung nähert er sich
einer gutaussehenden Frau neben ihm und sagt:

„Willst du einen Blitz-Witz mit Blondine hören?"

Mit einer heiseren Stimme antwortet sie ihm:

„Bis du anfängst den Witz zu sagen, glaube ich,
es wäre gut zu klären einige Einzelheiten:
Ich bin blond, habe 1 Meter 80, 88 kg und bin
Balkan-Champion im Judo.
Die Blonde neben mir hat ganze 1,80m, 78 kg
und ist Offizier der Luftfahrt.
Diejenige, welche neben ihr ist, hat 1,85, 85 kg,
ist Gewichtheberin und, hast du schon gemerkt,
sie ist ganz blond.
Also gut, willst du noch diesen Witz mit
Blondine erzählen?

Der Mann verharrt eine Weile und überlegt.
„Nicht wirklich," sagt er.
„Ich habe keine Lust, die Pointe 3-mal zu
erklären."

Două blonde vorbesc între ele:
- Dacă vorbeşti la telefon, poţi rămâne gravidă?
- Poţi, dar depinde **pe ce stai** atunci când vorbeşti la telefon!

Zwei Blondien sprechen miteinander:
„Wenn du telefonierst, kannst du schwanger werden?"
„Kannst du, aber kommt drauf an, **auf was du sitzt** beim Telefonieren."

Două blonde:
Prima o întreabă pe cea de-a doua:
- Auzi fato, care crezi tu că e **mai departe**: Luna sau Londra?
- Fată dar **proastă mai eşti**. Vezi tu Londra de aici?

Zwei Blondinen:
Die erste fragt die andere von den beiden:
„Hör, Mädchen, was glaubst du, was ist **weiter entfernt**: Der Mond oder London?
„Mädel, aber **doof sehr du bist**. (Du bist sehr doof / dumm)Siehst du London von hier?"

Soţul unei blonde **se întoarce** din deplasare şi găseşte în pat un tip gol. Deschide dulapul şi dă de soţia blondă:
- De câte ori să-ţi spun? El trebuie să se ascundă, nu tu!

Der Ehemann einer Blondine **kehrt zurück** von einer Reise und findet im Bett einen nackten Kerl. Er öffnet den Schrank und findet seine blonde Ehefrau:
„Wie oft muß ich es dir sagen? Er muß sich verstecken, nicht du!"

De ce se uita o blondă la un film porno **până la sfârşit**? Ca să vadă dacă se căsătoresc.

Warum schaut sich eine Blondine einen Pornofilm **bis zum Ende / Schluß**? Um zu sehen, ob sich heiraten.

Ce se întâmplă când o blondă suflă în urechea celeilalte? Transfer de date!

Was passiert, wenn eine Blondine bläst ins Ohr einer anderen? Datenübertragung.

Două blonde **mergeau pe stradă**, iar una dintre ele exclamă:
- Uită-te la câinele ăla cu un ochi!
Cealaltă blondă îşi acoperă un ochi şi zice:
- Unde?

Zwei Blondinen **gingen auf der Straße**, als eine von ihnen ausruft:
„Schau dir den Hund da an, mit einem Auge!"
Die andere Blondine hält sich ein Auge zu und sagt: „Wo?"

O blondă **urcă scările**:
- Acesta este etajul trei?
- Nu. Patru!
- Şi unde este etajul trei?

Eine Blonde **steigt die Treppen hinauf**.
„Ist dies die Etage drei?"
„Nein, Vier."
„Und wo ist die Etage drei?"

Pentru a se dovedi

că blondele nu sunt proaste, s-a organizat o conferinţă de presă.
O blondă a fost întrebată:
- Cât face 1+1?
Ea răspunde:
- 5.
Din sală se aude:
- Mai daţi-i o şansă!

Apoi este întrebată alta.
Ea răspunde:
- 2.
Din sală se aude:
- Mai daţi-i o şansă...

Um zu beweisen, dass Blondinen nicht dumm sind, hat man eine Pressekonferenz organisiert.
Eine Blondine wurde gefragt:
„Wieviel macht 1 und 1?"
Sie antwortet:
„5."
Vom Saal hört man:
„Noch geben Sie ihr eine Chance!"
Dann ist gefragt andere.
Sie antwortet:
„2."
Vom Saal hört man:
„Geben Sie ihr noch eine Chance!"

O blondă vine la soţul ei:

- Dragă, **s-a stricat maşina**! Are apă în carburator!
- Iubito, tu nici nu ştii ce e *ăla* carburator. De unde ştii că are apă în carburator? **Lasă că verific eu**. Unde e maşina?
- În piscină!

Eine Blonde kommt zu ihrem Ehemann:
„Lieber, **das Auto ist kaputt gegangen**. Es hat Wasser im Vergaser!"
„Liebes, du weißt nicht was ist das, Vergaser. **Laß mich das prüfen**. Wo ist das Auto?"
„Im Schwimmbad."

das = acea, aia, ăla

2 blonde se plimbă pe stradă.
- **Vezi barul ăsta**? E deschis 24 de ore pe zi!
- Ce proastă eşti! E deschis mai mult.

Zwei Blondinen spazieren auf der Straße.
„**Siehst du diese Bar**? Sie ist geöffnet 24 Stunden pro Tag."
„Wie dumm du bist! Sie ist geöffnet viel mehr."

Eu ştiu să fac magie

Două blonde:
- Eu ştiu să fac magie.
- **Nu te cred!**

Prima blondă **stinge lumina**.

A doua:
- Oauu, dar unde este lumina?

Prima blondă deschide frigiderul:
- Uite unde s-a **ascuns**!

Zwei Blondinen:
„Ich kann machen Zauberei!"“
„Ich glaube dir nicht!"

Die erste Blondine **löscht das Licht**.

Die Zweite:
„Wow, aber wo ist das Licht?

Die erste Blondine öffnet den Kühlschrank:
„Schau, wo es sich **versteckt** hat!"

O blondă merge pe stradă cu maşina şi o ia pe contrasens.
O opreşte un poliţist şi o întreabă:
- Ştiţi de ce v-am **oprit**?
La care blonda zice:
- Clar, **vrei să ieşi cu mine**!

Eine Blondine fährt mit dem Auto auf der Straße und sie nimmt die Gegenrichtung.
Sie anhält ein Polizist und sie fragt:
„Wissen Sie, warum Sie ich habe **angehalten**?"
Worauf die Blondine sagt:
„Klar, **du willst ausgehen mit mir**!"

a ieşi - ausgehen
eu ies, tu ieşi, el iese, noi ieşim, voi ieşiţi, ei ies
am ieşit - ich bin ausgegangen

Trei blonde blocate în lift **strigau pe rând** "ajutor, ajutor". La un moment dat, una dintre ele:
- Ce-ar fi să strigăm simultan?
Şi încep ele: "simultan, simultan".

Drei Blonde stecken im Lift und **riefen der Reihe nach**: Hilfe, Hilfe! Zu einem gegebenen Moment eine von ihnen:
Wie wäre es, wenn wir zusammen riefen?
Und sie beginnen: „Zusammen! Zusammen!

Două blonde stau de vorbă:

- Știi, ieri mi-am făcut testul de sarcină!
Cealaltă, **foarte curioasă**:
- Și au fost grele întrebările?

Zwei Blondinen unterhalten sich.
„Weißt du, gestern habe ich einen
Schwangerschaftstest gemacht."
Die andere, **sehr neugierig**:
„Und, haben gewesen schwer die Fragen?"
(Und, sind die Fragen schwer gewesen?)

Sună o blondă la poliție:
- Mi-au spart mașina, **mi-au furat totul**... și
volanul, și pedalele, și schimbătorul de viteze,
totul...
Peste 5 minute, își dă cu palma peste cap și sună
iar la poliție:
- Vă rog să ma scuzați, m-**am urcat** în spate!

Ruft eine Blonde die Polizei:
„Mir wurde aufgebrochen das Auto, **mir wurde
gestohlen alles**! Auch das Lenkrad und die
Pedale und die Gangschaltung, alles!"
Nach 5 Minuten sich gibt mit Handfläche über
die Strin und ruft wieder die Polizei:
„Ich bitte Sie mich zu entschuldigen, **ich bin
eingestiegen** hinten.

Care este asemănarea dintre

o blondă şi o ţestoasă? Când cad pe spate, amîndouă încep să dea din picioare...

Was ist die Gemeinsamkeit zwischen einer Blondine und einer Schildkröte? Wenn fallen auf Rücken, beide würden beginnen zu geben von Füssen / Beinen
(sie würden beginnen zu treten)

Dea ist Möglichkeitsform von **(a) da, geben.**
Eu dau, tu dai, el dă, noi dăm, voi daţi, ei dau
Am dat, ich habe gegeben
Dă! Gib! **Dă-mi! Gib mir!** Daţi-mi! Gebt mir!

- Mamă, **se vaită** o blondă, am ramas însărcinată!
- Însarcinată?!... Unde ţi-a fost capul?
- Cum unde? Pe pernă.

„Mama", **jammert** eine Blondine, „ich bin geworden schwanger."
„Schwanger? Wo hast du deinen Kopf gehabt?"
„Wieso wo? Auf dem Kopfkissen."

Bananenwitz, Kichern, Chicoti

Două blonde, chicotind:
- Fată, hai sa ne luam o banană... Ce zici?
- Da, fată... Dar eu zic sa ne luam două...
- De ce?
- Pai, poate mancam una...

Der Bananenwitz, hier frei übersetzt;
Zwei kichernde Blondinen:
„Mädel, komm, wir kaufen uns eine Banane.
Was sagst du?"
„Ja, Mädel. Aber ich sage, wir kaufen uns zwei."
„Warum?"
„Nun, vielleicht essen wir eine."

întrebare: Cum asezi patru blonde pe un scaun?
răspuns: Il intorci.

Frage: Wie setzt du 4 Blondinen auf einen Stuhl?
Antwort: Ihn du umdrehst.

Un tip vrea să agațe o femeie
frumoasă într-un bar

Intră un tip într-un bar și vrea să agațe o gagică mișto:

- Domnisoară, fumați?
– Da, bineînțeles.
– Acasă sau în deplasare?
– Acasă.

Se duc așadar la tipă acasă.

Ea își da bluza jos,
el cămașa,
ea sutienul,
el cureaua,
ea fusta,
el pantalonii,
ea își trage chiloțeii ,
el boxerii...

Apoi, dintr-odată, ea își trage înapoi pe ea hainele...

– Cum, domnișoară, nu mai fumăm ?
– Eu nu fumez chiștoace!!!

Ein Kerl will anmachen eine schöne Frau in einer Bar.

Eintritt ein Typ in eine Bar und will aufreißen eine Tussi cool.

Fräulein, rauchen Sie?
Ja, selbstverständlich.
Zu Hause oder Auswärts? (Zu dir oder mir?)
Zu Hause.

Sie gehen daher zur Tussi nach Hause.

Sie sich macht Bluse runter,
er Hemd,
sie BH,
er Gürtel,
sie Rock,
er Hose,
sie sich zieht Slip,
er Boxershorts..

Dann, plötzlich, sie sich zieht wieder an ihre Kleider…

Wie, Fräulein, nicht mehr rauchen wir?
Ich nicht rauche Zigarettenstummel!

Un tip încercând să **agațe** o blondă:
- Domnișoară, nu cumva ne-am văzut ieri la grădina zoologică?
- Parcă da, în ce **cușcă** erați?

Ein Kerl probierend **anmachen** eine Blonde:
„Fräulein, nicht irgendwie uns haben gesehen gestern im Garten zoologisch?"
„Scheinbar ja, in welchen **Käfig** waren Sie?"
(Frei: Kann sein… statt scheinbar ja)

De ce au blondele întodeauna un **cuțit** în mașină? Să poată tăia mai bine curbele.

Warum haben Blondinen immer ein **Messer** im Auto? Um können schneiden besser die Kurven.
(Um die Kurven besser schneiden zu können.)

Ce este o brunetă între 2 blonde? **Translator**.

Was ist eine Brünette zwischen 2 Blondinen?
Übersetzer.

- Iubitule, spune o blondă, azi, un coleg mi-a spus un banc cu blonde, de m-am **prăpădit** de rîs. Am fost cât pe-aci să cad din pat...

„Liebster", sagt eine Blonde, „heute ein Kollege mir hat gesagt einen Witz mit Blonde, von dem mich ich habe **zerstört** vor Lachen. (von dem ich mich kaputt gelacht habe) ich war wieviel auf hier zu fallen vom Bett."

Au ieşit blondele la manifestaţie, supărate că se fac bancuri pe seama lor. Pe pancarte scria:
"Nu toate proastele sunt blonde!"

Es sind ausgegangen die Blondinen auf eine Kundgebung, verärgert dass man macht Witze über ihresgleichen. Auf die Plakate schrieben sie: „Nicht alle Doofen sind blond!"

Ausgehen:
eu ies, tu ieşi, el iese, noi ieşim, voi ieşiţi, ele ies

Ce face o blondă cu **două jumătăţi de foi** A4? Puzzle.
Was macht eine Blonde mit **zwei Hälften von Blättern** A4? Puzzle.

Cum vezi că o blondă **ți-a trimis** un e-mail?
În cutia ta poştală **vei găsi** un notebook...

Wie siehst du, dass eine Blondine **dir hat geschickt** ein e-mail?
In deinem Briefkasten **wirst du finden** ein Notebook

De ce **nu poate** o blondă să scrie numărul 11?
Pentru că nu ştie pe care 1 să-l pună în faţă.

Warum **nicht kann** eine Blonde schreiben die Zahl 11?
Weil sie nicht weiß, welche nummer 1 zu setzen nach vorne.

De ce ştiu blondele să cânte frumos?
Un cap gol are o acustică mai bună!

Warum können die Blondinen singen schön?
Ein Kopf leer hat eine Akkustik bessere.

Cum poţi scufunda un submarin **plin cu** blonde?
Baţi la uşă!

Wie kannst du versenken ein U-Boot **voll mit**
Blondinen?
Klopf an die Tür!

Patru blonde merg sub o umbrelă, dar nici una
nu **se udă**.
Cum se poate aşa ceva? Nu plouă!

Vier Blondinen gehen unter einem
Regenschirm, aber nicht eine nicht **wird nass**.
Wie sich kann so irgendwas? Nicht es regnet!
(Wie kann so was sein? / Wie kann das sein?)

Blonda în maşină:
- Nu înţeleg, **aici văd** trei pedale, dar eu am doar două picioare!

Blonde im Auto:
„Verstehe ich nicht, **hier sehe ich** drei Pedale, aber ich habe nur zwei Beine.“

- Dumneata eşti tipul care a **dispărut** acum o lună de zile cu blonda aceea superbă şi nimeni nu v-a găsit până acum?
- Nu sunt eu acela, dar nici nu ştiţi **cât regret**.

„Mein Herr, sind Sie der Kerl, der **verschwunden** ist vor einem Monat der Tage mit dieser super Blondine und niemand hat sie (die beiden) gefunden seit dem?“
„Nicht bin ich dieser, aber nicht Sie wissen, **wie ich es bedaure**.“

Când părăseşte o blondă dormitorul?
Nu există date concrete. Experţii nu au
supravieţuit rezultatului final.

Wann verlässt eine Blondine das
Schlafzimmer?
Es existieren keine konkreten Daten. Die
Experten haben das Endergebnis nicht überlebt.

Cum se numeşte o blondă necăsătorită, care
conduce un BMW? Divorţată...

Wie nennt man eine unverheiratete Blondine,
die einen BMW fährt? Geschiedene...

O persoană se naşte blondă sau devine blondă?
Se acceptă **ambele variante**.
E inuman să **dăm vina** numai pe părinţi!

Eine Person wird blond geboren oder wird
blond? Man akzeptiert **beide Varianten**.
Es ist unmenschlich, wenn **wir geben die
Schuld** nur den Eltern.

Cum se numeşte o blondă cu o meşă brună?
O licărire de **speranţă**.

Wie nennt man eine Blondine mit einer braunen
Strähne?
Ein Schimmer von **Hoffnung**.

O tipă merge la un chirurg plastic:
- Doctore, mi-am pierdut urechile într-un accident, vă rog **ajutaţi-mă!**
- Nici o problemă, vă montez o pereche de urechi de la o blondă... vă deranjează?
- Nu, nu cred, **sunt tot** urechi.
Trece o lună, după care femeia se întoarce la cabinet dezorientata. Doctorul o întreabă mirat:
- Ce s-a întîmplat, n-auziţi bine?
- Ba da, aud perfect, dar... nu-nţeleg nimic!

Ein Mädchen kommt zu einem plastischen Chirurgen:
„Doktor, ich habe verloren die Ohren in einem Unfall, ich bitte Sie, **helfen Sie mir!**"
„Kein Problem, ich montiere Ihnen ein Paar von Ohren von einer Blondine... Stört Sie das?"
„Nein, ich glaube nicht, es **sind nur** Ohren."
Es vergeht ein Monat, nach diesem die Frau zurückkehrt in die Praxis, desorientiert. Der Doktor fragt verwundert:
„Was ist passiert, hören Sie nicht gut?"
„Aber ja, ich höre perfekt, aber ich verstehe nichts!"

Două blonde **pe terasă, la o bere**.
- Auzi, tu bei şi spuma?
- Nu, că nu-mi încape toată în gură.

Twei Blondinen **auf der Terrasse bei einem Bier**.
„Hör' (mal), trinkst du auch (den) Schaum?"
„Nein, weil nicht mir passt alles in den Mund."

De ce au blondele **ochii frumoşi** ca stelele?
Fiindcă sunt proaste ca noaptea!

Warum haben die Blondinen **Augen schöne** wie die Sterne?
Weil sie sind dumm wie die Nacht.

De ce sunt dezorientate blondele când merg la baie? Fiindcă trebuie să se dezbrace singure.

Warum sind die Blondinen irritiert wenn sie ins Badezimmer gehen?
Weil sie müssen sich ausziehen alleine.

De ce **a inventat** Dumnezeu blonda?
Simplu. Oaia nu era în stare să **aducă** o cutie de bere din frigider!
Da' cum de a inventat Dumnezeu bruneta?
Şi mai simplu. Nici blonda nu era în stare să o aducă!

Warum **hat erfunden** Gott die Blondine?
Einfach. Das Schaf war nicht in der Lage zu **holen** eine Dose Bier vom Kühlschrank.
Ja wieso hat erfunden Gott die Brünette?
Auch sehr einfach: (Weder das Schaf) noch die Blonde war in der Lage sie zu bringen.
(sie = die Dose Bier)

De ce au blondele frumoase coşciugul **în formă de** "Y"?
Pentru că atunci când le pui pe spate îşi deschid picioarele.

Warum haben schöne Blondinen den Sarg **in Form von** einem Ypsilon Y?
Weil dann wenn sie du legst auf den Rücken, sich öffnen die Beine.

Cum se sinucid blondele?
Se **arunca** de pe sandale.

Wie sich selbsttöten Blondinen?
Sie **fortwerfen** ihre Sandalen.

arunca o privire   einen Blick **werfen**

Care este diferenţa dintre o blondă şi o găină?
Găina are logica ei.

Was ist der Unterschied zwischen einer
Blondine und einem Huhn?
Die Henne hat ihre Logik.

Ce spune o blondă care este în vîrful carierei
sale profesionale?
"Bine aţi venit la McDonald's!"

Was sagt eine Blondine, die auf dem Höhepunkt
ihrer beruflichen Karriere ist?
„Willkommen bei McDonald's!"

De ce preferă blondele
anticonceptionalele în locul prezervativelor?
Pentru că le înghit mai uşor.

Warum bevorzugen die Blondinen
Antibabypillen an Statt Preservative?
Weil sie runterschlucken mehr einfach.
(Weil man sie besser runterschlucken kann)

Când este o blondă cea mai deşteaptă?
Când face sex. De ce? Pentru că atunci este
conectată la o sursă de inteligenţă.

Wann ist eine Blonde die meist Klügste?
(Wann ist eine Blonde am klügsten?)
Wenn sie macht Sex. Warum? Weil dann sie ist
verbunden mit einer Quelle von Intelligenz.

Redewendung
din când în când
dann und wann, ab und zu, von Zeit zu Zeit

O curvă brunetă

stătea pe marginea drumului şi tot zicea:
- 66, 66.
Vine o curvă blondă şi o întreabă ce face.
Bruneta îi zice să incerce şi ea. Se pune blonda şi
zice şi ea:
- 66, 66.
Bruneta:
- E mai distractiv dacă te pui în mijlocul
drumului.
Blonda se pune în mijlocul drumului şi vine o
maşină şi o calcă.
Bruneta:
- 67, 67, 67.

Eine Hure brünette stand auf Rand des Weges
und nur sagte: „66, 66, 66"
Kommt eine Hure blond und sie fragt was sie
macht.
Brünette ihr sagt, dass versuche auch sie.
Sich stellt die Blonde und sagt auch sie: „66,66"
Brünette:
„Es ist mehr unterhaltsam, wenn dich du stellst
in die Mitte des Weges."
Die Blonde sich stellt in die Mitte der Straße
und es kommt ein Auto und sie überfährt.
Brünette: „67, 67, 67."

De ce nu există brunete proaste?
Pentru că toate **s-au făcut** blonde!

Warum nicht existieren Brünette dumme?
Weil alle **sich haben gemacht** blond

Cum se cheamă o blondă deşteaptă?
"Excepţia care întăreşte regula".

Wie man ruft (nennt) eine Blondine kluge?
„Ausnahme, welche bekräftigt die Regel"

Ce se întîmplă **atunci când** o blondă trece din
Franţa în Belgia?
IQ -ul celor 2 ţări creşte.

Was passiert **dann wenn** eine Blonde zieht von
Frankreich nach Belgien?
Der IQ dieser 2 Länder steigt / wächst.

O blondă întreabă un tip pe stradă:
- Nu vă supăraţi, cât e ceasul?
- 12:15, răspunde tipul.
- Hmmm, bizar, zice blonda, e **a treia oară** când
întreb azi chestia asta şi de **fiecare dată** mi se
răspunde altceva.

Eine Blonde fragt einen Typ auf der Straße:
„Nicht Sie sich ärgern, wieviel ist die Uhr?"
„12:15," antwortet der Kerl.
„Hmm, seltsam," sagt die Blonde, „ist **zum
dritten Mal** wann ich frage heute Frage diese
und von **jedesmal** mir man antwortet etwas
anderes."

♥ ♥ ♥ ♥ ♥

Ce caută 1000 de blonde pe fundul Atlanticului?
Pe Leonardo di Caprio.

Was suchen 1000 von Blondinen auf dem Grund
des Atlatiks?
Für Leonardo di Caprio.

pe fund	auf dem Boden, auf dem Grund
în fund	im Arsch

Redewendung: **mă doare în fund / cur**
Wörtlich: Das tut mir weh im Arsch.
Frei: Das ist mir scheißegal

Două blonde la discotecă. Se apropie un tip arătos şi o cere pe una la dans. În timp ce dansează, fata întreabă:

- Eşti cam palid. De ce nu mergi mai des la soare?
- Acum am ieşit de la închisoare.
- Şi de ce ai fost acolo?
- Mi-am omorît nevasta, i-am tăiat capul şi l-am aruncat într-un rîu.

După dans, fata se întoarce la prietena ei:
- Închipuie-ţi, dragă, nu e însurat!

Zwei Blondinen in der Disco. Es nähert sich ein Kerl ansehbar und sie bittet auf eine zum Tanz.

In der Zeit daß Tanzen, das Mädchen fragt:
„Du bist ziemlich blaß. Warum nicht gehst du mehr oft bei Sonne? (öfter in die Sonne?")
„Gerade bin rausgekommen von im Gefängnis."
„Und warum hast du (bist du)gewesen dort?"
„Mich habe getötet Ehefrau, ihr habe geschnitten den Kopf und ihn habe ich weggeworfen in einen Fluß."
Nach dem Tanz, das Mädchen zurückkehrt zu Freundin ihrer:
„Vorstell dir, Liebe, nicht er ist verheiratet!"

Wiederholung: Plural, männlich, weiblich.
O tipă = Eine Tussi
Două tipe = Zwei Tussen, Tussis.
Un tip = Ein Typ, ein Kerl
Două tipi = Zwei Typen, Kerle.

Când se prăbușește un avion, **cine sare** ultima
cu parașuta: Bruneta, roșcata sau blonda?
Blonda, pentru că verifică întîi unde-i pămîntul.
Modernes Rumänisch:
verifică întâi unde-i pământul

Wenn sich abstürzt ein Flugzeug, **wer springt**
zuletzt mit dem Fallschirm?
Die Brünette, Rothaarige oder Blondine?
Die Blondine, weil sie prüft vorher, wo ist die
Erde.

Wenn ein Flugzeug abstürzt, wer springt als
letzte?
Die Blone, denn sie prüft zuerst, wo die Erde ist.

Care e deosebirea dintre o blondă și Himalaya?
Pe Himalaya nu se urcă **oricine**.

Was ist der Unterschied zwischen einer
Blondine und dem Himalaya?
Auf den Himalaya nicht man steigt **jedermann**.
(Nicht jeder steigt auf den Himalaya)

Ce vorbesc între ei genunchiul **stâng și cel drept** al unei blonde? Nimic, nu se întâlnesc niciodată.

Was reden unter sich das Knie **links und dasjenige rechts** von einer Blondine?
Nichts, nicht sich treffen niemals.

Frei:
Was reden das linke und das rechte Knie einer Blondine miteinander?
Nichts, denn sie treffen sich nie.

Care este femeia ideală? O blondă frumoasă, nimfomană, mută, surdă și **orfană** de mamă.

Welche ist die ideale Frau? Eine Blondine schön, nymphoman, stumm, taub und **Waise** von Mutter.

De ce se uită blondele cu ochii închişi în oglindă?
Ca să vadă cum arată când dorm...

Warum sich ansehen die Blondinen mit Augen geschlossenen im Spiegel?
Damit sie sähen (vielleicht sehen könnten) wie sie aussehen, wenn sie schlafen.

Warum schauen Blondinen mit geschlossenen Augen in den Spiegel?
Weil sie (wissen) sehen möchten, wie sie aussehen, wenn sie schlafen.

să vadă ist die subjunktive Form, die verwendet wird, wenn eine „Möglichkeit" besteht.

(să) văd (eu)
(să) vezi (tu)
(să) vadă (el/ea)
(să) vedem (noi)
(să) vedeţi (voi)
(să) vadă (ei/ele)

Ce zice o blondă cand îi ceri **voie** să o săruţi?
Pentru atâta lucru nu era nevoie să mă dezbrac!

Was sagt eine Blondine, wenn sie du bittest
Erlaubnis daß sie du küsst?
Für diese Sache nicht war nötig dass ich mich
ausziehe!

a cere
wünschen, bitten, fordern, fragen
eu cer, tu ceri, etc…

ai voie
du darfst wörtlich: Du hast Erlaubnis.

Dă-mi voie să te ajut. Erlaube mir, dir zu helfen.

da voie   Erlaubnis geben

Aber „nevoie" ist nicht das Gegenteil, also
Verbot, sondern:

nevoie   Notwendigkeit, Forderung
necesitate   Notwendigkeit, die Not
trebuinţă   Notwendigkeit, ein/das Muss

Ce avantaje ai când ai o blondă în maşină?
Ai voie să
parchezi maşina pe locurile pentru handicapaţi.

Welchen Vorteil hast du, wenn du hast eine
Blondine im Auto?
Du hast Erlaubnis (Du darfst.)
Parken das Auto auf dem Platz für Behinderte.

Cum se numeşte o blondă care a **pierdut** 90%
din inteligenţă? Divorţată.

Wie man nennt eine Blondine, die hat **verloren**
90% von Intelligenz? Geschiedene.

O blondă şi o brunetă sunt în clasa a VI-a.
Care are **cel mai frumos** corp?
Blonda, pentru că are 18 ani!

Eine Blondine und eine Brünette sind in der
(Schul-)Klasse VI a.
Welche hat **den hübscheren** Körper?
Die Blonde, denn sie hat (ist) 18 Jahre (alt)

Der erste Mann

Cine a fost primul bărbat?
întreabă profesorul de religie în clasă.
Blonda răspunde:
- V-aş spune,
dar mi-e ruşine aşa,
în faţa clasei.

Wer war der erste Mann?
Fragte der Lehrer von Religion in einer Klasse.
Die Blondine antwortet:
Ihnen würde ich sagen,
aber mir ist erröten das,
im Angesicht der Klasse.

profesor de religie   Religionslehrer

Ich würde es Ihnen sagen,
aber mich schämt es, vor der Klasse

Ce e **mai puțin** periculos:
O blondă sau un pirahna?
Piranha, pentru că atacă numai în grup.

Was ist mehr wenig (**weniger**) gefährlich:
Eine Blonde oder ein Piranha?
Der Piranha, weil er angreift nur in Gruppe.

Ce-ți va răspunde o blondă la întrebarea
"Care-i diferența dintre un bărbat și o mașină?"
Nu știu, că **sub** o mașină n-am fost niciodată...

Was dir wird antwortet eine Blonde auf die
Frage:
„Was ist der Unterschied zwischen einem Mann
und einem Auto?“
„Nicht ich weiß, weil **unter** einem Auto nicht
habe gewesen niemals.“

Was wird dir eine Blondine antworte auf die
Frage....
„Was ist der Unterschied zwischen einem Mann
und einem Auto?“
„Ich weiß nicht, weil ich noch nie unter einem
Auto gelegen bin.

Diferenţa dintre o blondă şi o cărămidă:
Cărămida se dă **din mâna în mână**!

Der Unterschied zwischen einer Blondine und
einem Ziegelstein?
Die Ziegel gibt man **von Hand zu Hand**.

Ce face o blondă dimineaţa, când **se scoală**?
Se duce acasă.

Was macht eine Blondine am Morgen, wenn sie
aufsteht? (**sich erhebt**)
Sie geht nach Hause.

La Coafor

O blondă cu nişte căşti şi un walkman intră
într-un coafor, să se tundă...
Se aşează pe scaun şi zice:
- Vreau să mă tund.
- Trebuie să-ţi dai jos căştile - îi spune frizerul.
Blonda:
- Nu, nu pot să fac asta! Dacă mi-aş scoate
căştile, aş muri!

Frizerul începe să o tundă pe unde mai putea şi
el, fără să-i scoată căştile... Când vede că nu mai
avea ce să mai tundă, îi spune blondei:
- Gata, nu se mai poate , tre' să-ţi scoti căştile!

Blonda:
- Nu, nici gînd ! Dacă mi le scot, sigur o să mor!

Frizerul mai tunde el ce mai tunde şi la un
moment dat îi scoate căştile.
Blonda mai trage o dată aer în piept, după care
cade jos moartă.
Curios, frizerul ridică căştile şi le pune la urechi
să audă ce asculta blonda:
"Inspiraţi, expiraţi, inspiraţi, expiraţi ..."

Beim Friseur

Eine Blondine mit irgendwelchen Kopfhörern
und einem Walkman betritt einen Friseurladen
um sich mähen zu lassen (die Haare schneiden
zu lassen)
Sie setzt sich auf den Stuhl und sagt:
Ich möchte mir die Haare schneiden lassen.
Müssen Sie runter geben die Kopfhörer, ihr sagt
der Friseur.
Die Blonde: Nein, nicht kann machen das.
Wenn ich würde abziehen / wegnehmen die
Kopfhörer, ich würde sterben.
Der Friseur beginnt zu sie mähen, bis wo mehr
er auch kann, ohne zu ihr abnehmen die
Kopfhörer. Als er sieht daß nicht mehr er hat
um zu mehr mähen, ihr sagt der Blonden:
Fertig, nicht mehr ich kann, muß Ihnen
abnehmen die Kopfhörer.
Die Blondine: „Nein, kein Gedanke! Wenn mir
sie abziehst, sicher werde ich sterben."
Der Frieseur mehr mäht er dass mehr mäht und
bei einem Moment gegeben, sie wegzieht die
Kopfhörer.
Die Blonde noch zieht einmal Luft in Brust, nach
welchem sie fällt unten tot.
Neugierig der Friseur erhebt die Kopfhörer und
sie setzt auf die Ohren und hört was hörte die
Blondine: „Einatmen Sie, ausatmen Sie,…

Verkehrsschild

Care este diferenţa între blonde şi semnele de circulaţie?
Unele semne spun stop.

Was ist der Unterschied zwischen Blondinen und den Zeichen des Verkehrs?
Manche Schilder sagen STOP.

De ce sunt blondele **aşa de uşor** de luat în pat?
Cui îi pasă?

Warum sind die Blondinen **so einfach** zu nehmen ins Bett?
Wen es kümmert?

Cui îi pasă?
Ist eine Redewendung:
Wen kümmert es? Engl.: Who cares?

Im Deutschen würde man evtl auch sagen:
Wen interessiert das?

Doua blonde stau de vorba.
- Maşinile de spălat sunt rasiste.
- De unde ştii asta?
- Am citit azi instrucţiunile: "Spălaţi albele şi coloratele separat."

Zwei Blondinen unterhalten sich.
„Waschmaschinen sind Rassisten".
„Woher weißt du das?"
„Ich habe gelesen heute die Anleitung: Waschen Sie die Weißen und die Farbigen getrennt."

După ce a dat naştere la un copil, blonda a cerut medicului: **Este al meu?**

Nahdem daß hat gegeben Geburt für ein Baby, die Blonde hat gefragt vom Arzt:
Ist es von mir?

Cum măsori inteligența unei blonde?
Prin introducerea unui manometru în ureche.

Wie mißt du die Intelligenz einer Blondine?
Durch Einführen eines Druckmessers in die
Ohren.

Cum moare o celulă cenușie a unei blonde?
Singură.

Wie stirbt eine Zelle des Hirns von einer
Blondine?
Einsam.

De ce mănâncă o blondă fasole sâmbăta?
Ca să poată face **baie cu bule** duminica.

Warum ißt eine Blondine Bohnen am Samstag?
Weil um können machen Bad mit Blasen am
Sonntag. (**Schaumbad**)

Cum numeşti o blondă **vopsită** brunet?
Inteligenţă artificială.

Wie nennst du eine Blondine **gefärbt** brünet?
Intelligenz künstliche.

De ce zboară o blondă **uneori**?
Are Always cu aripioare prea mari.

Warum fliegt eine Blondine **manchmal**?
Sie hat „Always" mit Flügeln zu groß.

a zbura – fliegen
eu   tu   ea   noi   voi   ei/ele
zbor, zbori, zboară, zbuarăm, zburaţi, zboară

Care este asemănarea între un **OZN** şi o blondă
deşteaptă?
Tot auzi de ele, dar nu le vezi nicodată...

Was ist die Gemeinsamkeit zwischen einem
UFO und einer Blondine clever (klug / weise)?

Alle hören von ihnen, aber nicht sie du siehst
niemals.

De ce poartă blondele **blugi strîmţi**?
Ca să li se citească pe **buze**…

Frei übersetzt:
Warum tragen Blonde so knallenge Jeans?
Damit man ihnen von den Lippen ablesen kann.

Ziemlich wörtlich:
Warum tragen die Blondinen **Bluejeans eng**?
Damit man ihnen zu lesen könnte von **Lippen**.

Damit man könnte lesen von den Lippen.
Möglichkeitsform des Wortes „a citi", lesen.

Ce zice o blondă **când se trezeşte** sub ugerul unei vaci?
"Ei, băieţi, care mă duce acasă?"

Was sagt eine Blondine **wenn sie erwacht**
unter Euter einer Kuh?
„Hey, Jungs, welcher mich bringt nach Hause?

Mai mult ca sigur

O brunetă, o blondă și o roșcată așteptau să nască.
Bruneta spune:
- **Eu voi avea** mai mult ca sigur un băiat pentru că atunci când am conceput copilul am facut-o stînd sub bărbatul meu...
Roșcata:
- Eu cred că voi avea o fată pentru că am stat deasupra.
Blonda:
- Of, Dumnezeule, o să nasc un cățeluș...

Eine Brünette, eine Blondine und eine Rothaarige warten, um zu gebären.
Die Brunette sagt:
- **Ich werde haben** mehr viel wie sicher einen Jungen, weil dann wann ich habe entworfen / gestaltet (hier: gezeugt) das Kind, ich habe gemacht es seiend unter meinem Mann.
Rotschopf:
- Ich denke, ich werde haben ein Mädchen, weil ich habe gesessen / gewesen obendrauf.
Blondine:
- Oh, Gott, ich werde gebären ein Hündchen.

Redewendung:
mai mult ca sigur   mit absoluter Sicherheit

Doua blonde stau de vorba in autobuz:
- Vai draga **ce miroase** a pula
- Nu draga, am râgâit eu.

Zwei Blondinen unterhalten sich im Bus.
„Oh, Liebe, **wie es riecht** nach Schwanz (Penis)"
„Nein, Liebe, ich habe gerülpst."

Ähnlicher Witz:
Doua blonde in lift:
-Tu fata!!!! Liftu asta miroase a sperma.
-Taci tu!!! Am râgâit eu.

Taci tu =   halt die Klappe!

Doua blonde pe malurile Danbovitei, in
Bucuresti, una pe stinga si una pe dreapta. Cea
de pe stanga:
- Cum e pe partea cealalta?
La care cea de pe dreapta raspunde:
- Tu esti proasta? Tu esti pe partea cealalta!

Zwei Blondinen an den Ufern der Dambrovita
(Flußname) in Bukarest, eine auf links und die
andere auf rechts. Jene von auf links:
„Wie ist es auf Seite dieandere?"
Zu welchem diejenige von auf rechts
antowortet:
„Du bist doof? Du bist auf Seite dieandere

Auf ihrem Heimflug

O tipă, **în drumul ei spre casă, în avion**, se întâlneşte cu o blondă, o brunetă şi o roşcată. Se gândeşte tipa ce se gândeşte şi **ajunge la o concluzie** pe care o spune şi celor trei tipe.
- **M-am hotărât.** Am să-i spun soţului meu că l-am înşelat în acest concediu.
Roşcata: - Ce proastă!
Bruneta: - Ce curajoasă!
Blonda: - Ce memorie!

Eine Frau, auf dem Weg ihrem nach Hause, im Flugzeug sich trifft mit einer Blonden, einer Brünetten und einer Rothaarigen. Es nachdenkt die Frau und sich überlegt und **sie gelangt zu einer Schlußfolgerung** auf welche sie spricht auch den drei Frauen:
„**Ich habe mich entschieden.** Ich werde zu ihm sagen dem Ehemann meinem daß ihn ich habe betrogen in diesem Urlaub.
Die Rothaarige: „Wie dumm!"
Die Brünette: „Wie mutig!"
Die Blonde: „Welch ein Gedächtnis!"

Pe stradă se plimbă o blondă

îmbrăcată din picioare până-n cap cu blană.
O doamnă se apropie de ea:
- Vă dați seama câte animale au trebuit să ucidă
pentru această blană?
- Dar dv. știți cu câte animale a trebuit să mă
culc pentru această blană?

Auf der Straße spaziert eine Bondine,
gekleidet von Fuß bis zum Kopf mit Fell.
Eine Dame nähert sich zu ihr:
„Ihnen tut bewußt wieviel Tiere haben gemußt
zu sterben für dieses Fell?"
„Aber Sie wissen, mit wievielen Tieren habe
gemußt ich schlafen für dieses Fell?"

Care e singurul **cuvânt străin** pe care îl ştie o
blondă? Fictiv...

Welches ist das einzige **Fremdwort** (Wort
fremd) auf welches es kennt eine Blondine?
Fictiv...

Bemerkung:
Fiktiv hört sich an wie: Fick tief.

O brunetă **se adresează** unei blonde:
- Uite, dragă, o pasăre moartă...
- Unde, unde, unde? întreabă blonda privind
spre cer...

Eine Brunette **sich adressiert / wendet sich
an** eine Blondine:
Schau, Liebe, ein Vogel tot.
Wo, wo, wo? Fragt die Blondine, schauend **gen /
in Richtung** Himmel

Din Nou.

O blondă rămâne (ca să vezi) a doua oară
gravidă şi vine la soţul ei şi îl întreabă:
- Dragă, acum trebuie să ne căsătorim din nou?:

Frei übersetzt:
Eine Blondine wird (man staune! (ironisch))
zum zweiten Mal schwanger und kommt zu
ihrem Ehemann und fragt ihn:
Liebling, müssen wir uns jetzt noch einmal
heiraten?

Wörtlich:
Eine Blondine bleibt (wie zu sehen) zum
zweiten Mal schwanger und kommt bei dem
Ehemann ihrem und ihn sie fragt:
Lieber, jetzt Muss zu uns wir heiraten von
neuem?

(a) rămâne   bleiben
                     oft auch werden und bleiben
                     (siehe nächster Witz.)

Ca să vezi!
Ausruf des unfassbaren Erstaunens. Wie auch:
Aşa ceva!, - So was !
Ei poftim!, Aber bitte!
Închipuieşte-Ţi! Stell dir vor!
Nu se poate! Kann nicht sein!

Două blonde discutau despre sex.

Prima **zise**: Ştii dragă care este cea mai recentă metodă de a face sex şi culmea de a mai simţi ceva plăcere? Sex în ureche.

A două **răspundea**: – Eşti nebună dragă, vrei să rămâi surdă?

Răspunsul **veni** sec:

– Dar ce dragă? Tu ai rămas până acum mută?

Zwei Blondinen sprachen über Sex.

Die erste **hat gesagt**: Weißte du, Liebe, was ist die neueste Methode zu machen Sex und Höhepunkt um besser fühlen etwas Vergnügen? Sex in den Ohren.

Die zweite **antwortete**

Bist du verrückt, Liebe, willst du werden taub?

Die Antwort **ist gekommen** trocken:

Aber warum, Liebe? Du bist geworden bis heute stumm?

Präsens, Imperfekt, **Perfekt**, Plusquamperfekt

(eu) zic, ziceam, zisei, zisesem

(tu) zici, ziceai, ziseşi, ziseseşi

(el, ea) zice, zicea, **zise**, zisese

(noi) zicem, ziceam, ziserăm, ziseserăm

(voi) ziceţi, ziceaţi ziserăţi, ziseserăţi

(ei, ele) zic, ziceau, ziseră, ziseseră

Discutau = sie sprachen (a discuta, sprechen)

Răspundea = sie antwortete (a răspunde)

Veni = er/sie/es ist gekommen (Perfekt simplu)

în zadar

O studentă blondă susţine examenul la economie. Subiectul:
Teoria economică a lui Adam Smith.

Profesorul observă că studenta blondă nu are idee despre teoria economică şi dorind totuşi s-o promoveze, o întreabă:

- Dar care este prenumele lui Smith ?

Fata se uită în sală poate vreun coleg îi va şopti, dar în zadar.

- Hai amintiţi-vă, este atât de simplu!

Fără rezultat. Profesorului i se face milă de studentă şi părinteşte o întreabă:

- Atunci, spune-mi: cum îl chema pe primul bărbat ?

Blonda roşind şi evident ruşinată răspunde:
- Manuel.

Vergeblich

Eine blonde Studentin wahrnimmt die Prüfung
der Wirtschaft. Das Thema:
Ökonomische Theorie von dem Adam Smith.

Der Professor bemerkt, dass die blonde
Studentin nicht hat Ahnung über Theorie
wirtschaftlich und wünschend trotzdem daß sie
besteht, sie er fragt:
„Aber welcher ist der Vorname des Smith?
Das Mädchen sich umschaut in Saal vielleicht
irgendein Kollege ihr wird flüstern, aber
vergeblich.

„Los, erinnern Sie sich, es ist derart von
einfach!"

Ohne Ergebnis. Dem Professer ihr sich macht
Bermherzigkeit für Studentin und väterlich sie
er fragt:
„Nun, sag mir: Wie heißt der erste Mann?"

Die Blonde errötend und offensichtlich verlegen
antwortet:
„Manuel."

Într-o rezervă la maternitate, o proaspătă
mămică alăptează nou-născutul.
Infirmiera intră şi zice:
- Fericitul tată e pe coridor cu un imens buchet
de flori. Poate să intre?
- **Ferească Dumnezeu!** Soţul meu poate veni
din clipă în clipă!

In einem Ruheraum für Mutterschaft eine
frische Mutter säugt den neu Geborenen.
Die Kankenschwester kommt rein und sagt:
„Der glückliche Vater ist auf dem Flur mit einem
risigen Strauß von Blumen. Darf dass er eintritt?
Bewahre Gott! Der Ehemann meiner kann
kommen von Moment zu Moment.
(Mein Ehemann kann jeden Moment kommen)

- Iubito, m-am săturat să tot fiu "vioara a doua"
pe lângă tine!
- Bucură-te că mai faci parte din orchestră.

„Geliebter, ich habe genug zu nur sei „Geige
zweite" für neben dir!"
„Freu dich, daß noch machst Teil des
Orchesters."

Fiu = Möglichkeitsform von fi

Doua blonde discutau:

- Ia spune fata, ce inseamna sex?
- Sex este cand te fardezi putin, intri in bar, faci ochi dulci unui tanar, el te invita la cateva paharele, te culci cu el şi iti lasa pe masa **ceva bani**.
- Si ce inseamna sex bun?
- Sex bun este cand te fardezi putin, intri la bar, faci ochi dulci unui tanar, el te invita la cateva paharele, te culci cu el şi iti lasa **o multime** de bani pe masa.
- Si ce inseamna sa faci dragoste?
- Ah, dragostea este o invenţia unui avar, ca sa nu-ti plateasca!

Zwei Blondinen redeten:

„Auf, sprich, Mädchen, was bedeutet Sex?"
„Sex ist wenn du ein bißchen errötest (hier: Rouge auflegst), betrittst eine Bar, machst süße Augen einem Jüngling, er lädt dich ein auf einige Gläser, du schläfst mit ihm und er dir läßt auf dem Tisch **etwas Geld**."
„Und was bedeutet guter Sex?"
„Guter Sex ist wenn…. und dir läßt **eine Menge** von Geld auf dem Tisch.
„Und was bedeutet zu machen Liebe?"
„Ach, Liebe ist eine Erfindung eines Geizhalses, weil zu dir nichts bezahlen würde.

A plăti – bezahlen.
Plătească   3. Pers. Sing od Pl. Konjunktiv
zgârcit = geizig   cărpănos = knausrig

73

şi .. şi   = Sowohl als auch

Un tip se duce la bordel şi cere matroanei o blondă şi sus şi jos.
Matroana îi recomandă să urce la etaj la prima camera pe dreapta.
Urcă tipul, deschide uşa şi ce vede?
O blondă bună dar bruneta jos.
Coboară tipul supărat foc la matroană şi îi spune:
-Îţi baţi joc de mine, pe banii mei? Am cerut o blondă şi sus şi jos!!!
Matroana: -Dar când ai intrat ai izbit uşa?
-Nu!
-Urcă şi izbeşte uşa!
Urcă tipul, izbeşte uşa şi surpriză...tipa era blondă şi sus şi jos.
Întrebare: Ce s-a întâmplat?
Răspuns: Au zburat liliecii.

Matroană
Hausdame, Hausherrin, Matrone, Aufseherin
Hier: Puffmutter

şi sus şi jos
Sowohl oben als auch unten

a izbi
knallen, rammen, zuschlagen, schmettern

Ein Typ geht ins Bordell und wünscht von der Hausdame eine Blonde, sowohl oben als auch unten.

Die Puffmutter empfiehlt ihm ein Stockwerk hochzugehen und das erste Zimmer rechts.

Der Typ geht hoch, öffnet die Tür und was sieht er? Eine gute Blonde, aber unten braun.

Der Typ geht runter, ist wütend und sagt der Hausdame:

Spielen Sie mit mir, auf meine Kosten? Ich wünschte eine die blond ist, sowohl oben als auch unten!

Hausdame: Aber als du eingetreten bist, hast du auch die Tür zugeknallt?

Nein

Geh hoch, und knall die Tür zu.

Der Typ geht hoch, knallt die Tür zu und Überraschung: Die Tussi war blond sowohl oben als auch unten.

Frage: Was ist passiert?

Antwort: Die Fledermäuse sind weggeflogen.

Bemerkung:

Der Witz gefällt mir zwar gar nicht, aber man kann viele nützliche Vokabeln widerholen:

sus şi jos	oben und unten
Einsteigen, aufsteigen, erklimmen	a urca
Absteigen, aussteigen	a cobori

Eine neue Redewendung gelernt:

Vrei să-ţi baţi joc de mine?

Willst du mich veralbern?

Maică mă-sii de treabă!

Într-un bar intră un tip foarte arătos şi bine îmbrăcat şi se aşează la bar, lungă o blondă foarte arătoasă. Îi aruncă o privire scurtă tipei, după care se uită la ceas foarte atent şi concentrat.

Blonda a observat privirea care i-a aruncat-o tipul şi îl întreabă:
- Ţi-a rămas ceasul în urmă?
- Nu cred. Tocmai mi-am cumpărat o capodoperă de ceas, care m-a costat o groază de bani şi acum **voiam** să-l testez...
- Şi ce are atât de special ceasul tău de te-a costat atâţia bani?
- Păi, de exemplu, el acum îmi spune că tu nu porţi chiloţi în momentul ăsta.
Tipa începe să râdă şi spune:
- Ceasul tău minte, căci acum port chiloţi!
- Maică mă-sii de treabă! Iar a înaintat cu o oră!

Maică mă-sii de treabă
Das ist ein Fluch, ähnlich wie:
Morţii mă-sii de treabă.
Dă-o-n pista mă-sii de treabă.

Gefunden bei Internetsuche:
mă-sii, mă-tii, mamă-tii, maică-mii

de treabă   alles klar.

Verdammt, wirklich!

In eine Bar eintritt ein Kerl sehr ansehnlich und gut angezogen und sich setzt an die Theke, neben eine Blonde sehr ansehnlich. Ihr er wirft einen Blick kurz der Tussi, nach welchem sich schaut auf die Uhr sehr aufmerksam und konzentriert.

Die Blonde hat bemerkt den Blick welchen er hat geworfen ihr der Typ und ihn sie fragt:

„Dir ist (stehen) geblieben die Uhr kürzlich?"

„Nicht ich glaube. Kürzlich mir ich habe gekauft ein Meisterwerk von Uhr, welche mich hat gekostet eine Menge von Geld und jetzt **ich wollte** zu sie testen."

„Und was hat sie so viel von speziell die Uhr deine daß dich hat gekostet so viel Geld?"

„Nun, zum Beispiel, sie jetzt mir sagt, daß du nicht trägst Unterhöschen im Moment diesem."

„Die Uhr deine lügt, weil jetzt ich trage Slip!"

„Mamma mia, echt! Schon ist vorgegangen mit einer Stunde!

Bemerkung:

Die größte Mühe hat es gemacht, „Maică mă-sii de treabă" zu übersetzen, denn es ist eigentlich ein nicht wirklich übersetzbarer Fluch. Selbst wenn man die Worte einzeln, wortwörtlich übersetzt trifft es trotz Analogien nicht den Kern des Fluches, wie er in der Strassensprache verwendet wird.

Dupa o aventură
de două luni, o blondă îl întreabă plină de
emoție pe iubitul ei:
- Când o să mă prezinți rudelor tale?
- Draga mea, deocamdată e imposibil. Copiii
sunt la țară, iar nevastă-mea e plecată într-o
delegație.

Nach einem Abenteuer von zwei Monaten,
eine Blondine ihn fragt voll von Gefühl den
Geliebten ihren:
„Wann wirst mir du vorstellst Verwandschaft
deine?"
„Meine Liebe, zurzeit ist es unmöglich. Die
Kinder sind auf dem Land und meine Ehefrau ist
fortgegangen in einer Geschäftsreise."

O blondă la farmacie.
Blonda: Aveti prezervative?
Vanzatorul: Da, ce aroma doriti?
Blonda: Nu, am venit **doar ca sa vad** cine
cumpara.

Eine Blondine in der Apotheke.
Die Blondine: Haben Sie Präservative?
Der Verkäufer: Von welchem Geschmack
wünschen Sie?
Die Blonde: Nein, ich bin gekommen **nur um zu
sehen** wer kauft.

De ce **zambeste** o blondă cand fulgera?
Crede ca i se face poza.

Warum **lächelt** eine Blondine wenn es blitzt?
Sie glaubt, daß ihr man macht ein Foto.

Cand blonda sa trezit din coma, mama ei a
decis sa-i dau vestea buna prima data:
"Iubita lui mama, medicii spun ca te vei
recupera in totalitate!!
-"Spune-mi si vestea proasta", sopti ea...
-"Ai picat testul de conducere".

Als die Blonde sich erwacht vom Koma,
Mama ihre hat beschlossen ihr geben Nachricht
gute zuerst
„Geliebte deiner Mama, die Ärzte sagen daß dich
wirst erholen im Ganzen!"
„Sag mir auch die Nachricht schlechte", flüstert
sie.
„Hast versagt Prüfung zu Fahren"

A pica = fallen, versagen

O blondă a fost intrebata unde se imbraca.
 -Ce intrebare stranie...Unde **ma trezesc**, acolo
ma si imbrac!

Eine Blondine hat gewesen gefagt wo sie sich
ankleidet.
„Welch Frage fremd... Wo mich **ich aufwache**,
da mich auch anziehe.

O domnişoară blondă şi drăguţă face
autostopul la marginea străzii. Trece pe acolo
un camion, opreste şi o ia. Înainte de a se face
comodă, ea îşi scoate chiloţii şi-i pune în rucsac.
- Ce faci, femeie? întreabă înmărmurit şoferul
maşinii.
- Cunosc eu şoferii de camion! Mi-i dau jos
pentru că ieri mi s-au murdărit cu ulei de
motor...

Ein Fräulein blonde und süße macht Autostop
am Rand der Straße. Durchfährt auf dort ein
Lastwagen, er hält und sie nimmt. Bevor zu sich
machen gemütlich, sie sich sich auszieht
Höschen und es steckt in Rucksack.
„Was machst du, Frau?", fragt erstaunt /
fassungslos der Chauffeur des Autos.
„Kenne ich die Fahrer von Lastwagen! Mich es
nehmen runter wegen daß gestern mich sich
hat genäßt mit Öl von Motor."

Vampir și Blonda

O blondă ca sa ajunga acasa trebuia sa treaca printr-un cimitir.
Mergand ea prin cimitir da de un vampir si acesta ii zice:
- Sunt vampir și sug sange.
Blonda merge mai departe nul baga in seama.
Se repeta faza de 3-4 ori cu vampirul.
La care blonda se oprete din mers nervoasa si ii zice vampirului:
Sti ceva? Eu sunt o blondă și sug pula și nu ma laud asa ca tine.

Der Vampir und die Blonde

Eine Blondine, um zu gelangen nach Hause mußte passieren (laufen) durch einen Friedhof.
Gehend sie durch Friedhof, gibt von einem Vampir und dieser ihr sagt:
„Ich bin Vampir und sauge Blut."
Die Blonde geht mehr weiter, null steckt die Bedeutung.
Sich wiederholt die Phase um 3 bis 4 Mal mit dem Vampir.
Worauf die Blondine sich stoppt vom Gehen nervös und ihm sagt dem Vampir:
„Weißt du was? Ich bin eine Blondine und sauge Schwanz und nicht mich lobe so wie du dich.
(… und gebe nicht so an wie du.)

Doi bărbați stau de vorbă
la cârciumă:

Aseară am văzut o blondă simpatică la bar, m-am apropiat de ea și am întrebat-o dacă i-ar plăcea să o servesc cu un pahar de băutură.

- Nu ai o prietenă? imi zise ea. Tipi ca tine întotdeauna au o prietenă...

Nu, din păcate ne-am despărțit acum o lună, o asigur eu.

- Oh, îmi pare rău, suspină ea... Te rog, vino să servim un pahar de vin împreună, fac eu cinste.

După câteva pahare, un sărut și o îmbrățișare, ne-am trezit la ea acasă în pat și am făcut dragoste ca doi nebuni.

În timp ce mă îmbrăcam, pregătindu-mă să plec, îmi zise blonda:
- Deci... Arăți foarte bine, ești un tip de treabă și, pe deasupra, ești uimitor la pat! Pot să te întreb cum naiba de te-ai despărțit de prietena ta?

- A aflat nevăsta-mea. îi răspund eu, ieșind în pripă...

Zwei Männer reden in einer Kneipe

Gestern Abend habe ich gesehen eine Blondine
sympathische in der Kneipe und ich ich habe
genähert zu ihr und haben gefragt sie ob ihr
würde gefallen zu ihr ich serviere mit einem
Glas von Getränk.
„Nicht hast du eine Freundin?", mich sagt sie,
„Kerle wie du immer haben eine Freundin"
„Nein, leider uns wir haben getrennt vor einem
Monat," ihr versichere ich.

„Oh, mir erscheint schlimm", seufzte sie. „Ich
bitte dich, komm zu servieren ein Glas von Wein
zusammen, mach ich die Ehre (ich bezahle)"
Nach einigen Gläsern, einem Kuß und einer
Umarmung wir haben aufgestanden zu ihr nach
Hause ins Bett und haben gemacht Liebe wie
zwei Verückte.
In der Zeit daß mich anziehe, vobereitend mich
zu weggehen, mich sagt die Blonde:
„Also.. Aussiehst sehr gut, bist ein Kerl
wirklicher und für obendrauf bist erstaunlich
im Bett. Kann ich dich fragen wie Hölle zur dich
hast getrennt von Freundin deiner?"

„Hat rausgefunden Ehefrau meine.", ihr
antworte ich, rausgehend in Eile.

în continuu, fără să se oprească

Două prietene care nu s-au văzut de multă vreme se întâlnesc într-un bar.
Una dintre ele cu greu îşi ascunde lacrimile ce i se scurg pe obraz.
- Ce ţi s-a întâmplat? o întreabă cealaltă.
- Nimic, nu pot să-ţi povestesc!
- Te fereşti tocmai de mine, cea mai bună prietenă a ta? Poate te pot ajuta...
- Ce să faci? Acum nimeni nu mă mai poate ajuta.
- Dar ce ai păţit?
- Tocmai m-am întors de la o vânătoare în Africa.
- Şi?
- Am fost violată de o gorilă, masculul cel mai puternic din grup....
- Şi?
- Cinci zile am făcut sex fără pauză, în continuu, fără să se oprească...
Şi începe să plângă în hohote.
- Hai, încearcă să te linişteşti, o consolează prietena.
 - bine c-ai scăpat cu viaţă. Eşti întreagă, asta contează. Eu n-o să spun nimic nimănui, iar gorila aia nu vorbeşte.
- Păi tocmai asta e, că nu vorbeşte, nu scrie, nu telefonează, nu mail, nu SMS, nu nimic..

Şi continuă să plângă în hohote.

Kontinuierlich, ohne Unterbrechung

Zwei Freundinnen welche nicht sich haben gesehen für viele Zeit sich treffen in einer Bar. Eine von ihnen mit Mühe sich versteckt die Tränen die ihr sich tropfen über Wange.
„Was dir passiert?" sie fragt die andere.
„Nichts, nicht ich kann das dir zu erzählen."
„Du bleibst fern noch vor mir, der besten Freundin zu dir? Vielleicht dir ich kann helfen."
„Was wirst du tun? Jetzt niemand nicht mir mehr kann helfen."
„Aber was ist geschehen?"
„Gerade mich habe zurückgekehrt von bei einer Jagd in Afrika."
„Und?"
„Ich wurde vergewaltigt von einem Gorilla, männlich, der kräftigste der Gruppe.
„Und?"
„Fünf Tage habe ich gemacht Sex ohne Pause, kontinuierlich, ohne zu sich anhalten."
Und sie beginnt zu weinen brüllend/schluchzen.
„Auf, versuch zu dich beruhigen", ihr empfiehlt die Freundin.
„Gut dass du entkamst mit Leben. Du bist (noch) ganz, das zählt. Ich werde nichts reden niemandem, auch der Gorilla dort redet nicht."
„Nun, genau das ist es, daß er nicht redet, nicht schreibt, nicht anruft, kein email, kein SMS, kein nichts!"
Und sie fährt fort laut zu schluchzen.

Es gibt noch ein Witzbuch dieser Art.

Leider ohne Blondinen.
Aber unterhaltsam wie dieses Buch:

Rumänisch lernen mit Witz
Rumänische Witze – Wort für Wort übersetzt

Oana aus Bukarest empfiehlt beide Bücher:

2 Bücher zum Lachen und Lernen:

Rumänisch lernen mit Witz
Blondinen und Rumänisch

Zum Schluß noch eine Widmung:

Für meine Freunde in Rumänien,
speziell Oana aus Bukarest, und
alle lernfaulen Schüler und Witzbolde.

Pentru prietenii mei din România,
în special Oana din București,
și toți elevii leneși și jokerii.